Tu deinem Leib etwas Gutes,
damit deine Seele Lust hat,
darin zu wohnen.

Teresa von Ávila

40 Fastensalate

erfrischend, gesund & kreativ

SALATE
MEAL PREP
FÜR UNTERWEGS

benno

Ostern entgegen gehen

Jesus, auch du bist durch die Wüste gezogen und hast Verzicht geübt.
Segne unser Mahl und begleite uns auf der Suche nach neuer Kraft
auf dem Weg nach Ostern.

Vorwort

40 Tage Fastenzeit – das bedeutet auf dem Weg hin zu Ostern, Jesus und sich selbst näherzukommen. Das Fasten schenkt uns diese Gelegenheit: Durch bewussten Verzicht wieder Gott in den Blick zu nehmen. Fastensalate möchte dazu einladen, Leib und Seele etwas Gutes zu tun. Dieses Buch zeigt nicht nur Ideen auf, wie der Körper durch leichtes Essen und das Weglassen von Fleisch und fettigen Lebensmitteln wieder neu belebt werden kann, sondern will auch Impulse geben, wie Fasten im Alltag leicht gelingen kann. Dazu laden auch die kurzgehaltenen Fastengebete vor und nach dem Essen ein, die Ihnen in diesem Buch zwischen den Salatideen begegnen werden.
„Meal Prep" ist dabei eine Hilfestellung und keineswegs nur ein neuer Trend. Gemeint ist die Vorbereitung von Mahlzeiten für unterwegs, gerne auch für mehrere Tage im Voraus. Die Vielfalt, die uns dabei heute an Zutaten für Salate gegeben ist, ist nicht nur voller „starker Vitamine", sondern ermöglicht zudem, die Mahlzeit durch buntes Gemüse und Obst zu einem appetitlichen Hingucker werden zu lassen. Am Ende des Buches wird noch einmal kurz erläutert, wie viele Variationen und Möglichkeiten sich rund um Dressings und Toppings bieten. Ganz im Sinne: „Fasten leicht, lecker und gesund" kann auch bunt und vielfältig sein.

Inhalt

Waldorfsalat mit Walnüssen

- 2 säuerliche Äpfel (z. B. Boskoop)
- 250 g Knollensellerie
- Saft von 1 Zitrone
- 125 g Walnusskernhälften
- einige schöne Salatblätter

Für das Dressing:

- 100 g Sahne
- 3 EL Mayonnaise
- Salz, Pfeffer
- Zucker

4x

1. Die Äpfel vierteln, schälen und die Kerngehäuse entfernen. Den Sellerie putzen, schälen und mit den Apfelvierteln auf der Gemüsereibe grob raspeln oder in feine Streifen schneiden. Sofort mit Zitronensaft beträufeln.
2. Für das Dressing die Sahne in einer Schüssel halbsteif schlagen. Nach und nach die Mayonnaise unterrühren und so lange rühren, bis eine glatte, cremige Sauce entstanden ist. Das Dressing mit Salz, Pfeffer und Zucker abschmecken.
3. Von den Walnüssen einige schöne Hälften zum Garnieren beiseitelegen, den Rest hacken. Das Dressing mit den Äpfeln, dem Sellerie und den gehackten Nüssen vermischen.

4. Die Salatblätter putzen, in reichlich kaltem Wasser gründlich waschen und trockenschütteln. Nach Belieben in mundgerechte Stücke zupfen und auf Teller verteilen.
5. Den Waldorfsalat auf den Salatblättern anrichten, mit den beiseitegelegten Walnusshälften und nach Belieben mit Orangenschalenzesten garnieren.

Kartoffel-Zucchini-Salat to go

- 200 g kleine Kartoffeln festkochend
- 2 Zucchini
- 1 Bund Petersilie
- 3 Frühlingszwiebeln
- 1 Handvoll Kürbiskerne
- 3 EL Kürbiskernöl
- 1 ½ EL Balsamico-Essig hell
- 75 ml Gemüsebrühe
- Salz, Pfeffer

2x

1. Die Kartoffeln schälen, waschen und dann halbieren. Die Frühlingszwiebeln waschen, dann in Ringe schneiden. Die Petersilie waschen, trocken schleudern und grob hacken. 2 EL gehackte Petersilie für die Dekoration aufheben. Die Zucchini waschen, in schräge Stücke schneiden. Die Gemüsebrühe in 75 ml heißem Wasser auflösen.
2. Die Kürbiskerne in einer Pfanne ohne Öl rösten und abkühlen lassen, dann die Kartoffeln in reichlich Salzwasser etwa 15 bis 20 min kochen.
3. Die Petersilie mit Kürbiskernöl, Salz, Pfeffer und Balsamico fein pürieren.
4. Die Zucchini in der Pfanne mit dem Olivenöl kurz anbraten, dann die Gemüsebrühe zugießen und noch etwa 2 min dünsten. Dann abgießen und die Brühe auffangen.

5. Die Brühe in einer großen Schüssel unter die Kräutersauce rühren. Die Kartoffeln abgießen und sofort mit den Zucchini unter die Kräutersauce mischen. Etwa 1 Stunde gut durchziehen lassen. Mit restlicher Petersilie und Kürbiskernen servieren.

Grünkern-Erbsen-Mais-Salat im Glas

- 200 g Grünkern
- 200 g Erbsen (aus der Dose)
- 200 g Mais (aus der Dose)
- 2 hartgekochte Eier
- 2 Tomaten

Für das Dressing

- 2 EL Essig
- 4 EL Öl
- Salz, Pfeffer
- Petersilie

1. Grünkern ca. 20 min garen. Abkühlen lassen.
2. Eier in Scheiben schneiden. Tomaten würfeln.
3. Für das Dressing Essig, Öl, Salz, Pfeffer und Petersilie vermischen.
4. Grünkern, Eier, Tomaten, Erbsen, in einem Glas schichten.
5. Bei Verzehr das Dressing darüber geben.

2x

Löwenzahnsalat mit Pancetta

- 4 Handvoll Löwenzahnblätter, grob geschnitten
- 10 Bärlauchblätter, fein gehackt
- 1 Knoblauchzehe, geschält
- 50 g Pancetta (Speck), gewürfelt
- 2 Scheiben Toastbrot, gewürfelt
- 2 Tomaten, gewaschen, entkernt, klein gewürfelt

Für das Dressing:

- ½ TL Curry
- Etwas Muskat, frisch gerieben
- 4 EL Balsamico-Essig
- 6 EL Olivenöl
- Salz, Pfeffer

4x

Tipp:

Der Salat sollte beim Mischen mit den Speckwürfeln zischen – die Hitze des Specks entzieht den Blättern das Bittere. Daher ist dieser Fastensalat ausnahmsweise nicht fleischlos.

1. Löwenzahn und Bärlauch in einer Schüssel vermischen. Knoblauch auspressen, mit Salz vermengen, unter den Salat mischen und etwas ziehen lassen.
2. Pancetta auslassen, bis die Würfel goldbraun sind. Mit dem Schaumlöffel aus der Pfanne nehmen und rasch unter den Salat mischen.
3. Die Toastwürfel im ausgelassenen Speckfett unter ständigem Rühren goldgelb braten. Ebenfalls mit dem Schaumlöffel herausnehmen und über den Salat geben. Die Tomaten zufügen.
4. Aus Balsamico, Salz, Pfeffer, Curry, Muskatnuss und Öl ein Dressing herstellen und mit dem Salat mischen. Etwas durchziehen lassen und servieren.

Frischer Spitzkohlsalat mit Orangen

- 1 Spitzkohlkopf
- 1 ½ Zwiebeln
- 2 Orangen (keine Saftorangen)
- Essig-Öl-Dressing (Seite 58) z. B. mit Distelöl

1. Den Spitzkohl vierteln und gründlich auch zwischen den Blättern sauberwaschen.
2. Den Kohl in feine Streifen schneiden, die Zwiebeln würfeln und zusammen in eine Schale geben.
3. Die Orangen ebenfalls gründlich waschen und schälen. Alle Kammern von der Haut befreien und die geschälten Orangenschnitze zunächst beiseitestellen.
4. Essig-Öl-Dressing über die Spitzkohl-Zwiebel-Mischung geben und gut durchziehen lassen (im Kühlschrank bestenfalls 6 Stunden).
5. Vor Verzehr die Orangenschnitze darüber geben und unterheben.

Tipp:

Distelöl, gewonnen aus der Färberdistel, ist ein sehr gesundes Öl. Eine Anschaffung lohnt allemal, da es viele ungesättigte Fettsäuren enthält. Außerdem enthält es Vitamin E und wirkt damit im Körper heilend und entzündungshemmend.

Bunter Salat mit gerösteten Süßkartoffeln

- 300 g gemischte Salatblätter (z. B. Eichblatt, Kopfsalat, Batavia, Rucola)
- 300 g Cocktailtomaten
- 1 kleine Salatgurke
- 4 kleine Süßkartoffeln

Für das Dressing:

- 100 ml Olivenöl
- 3 EL Balsamico-Essig
- 1/2 TL Senf
- 1 TL Salz
- 150 g Macadamianusskerne

4x

1. Die Salatblätter putzen, in reichlich kaltem Wasser gründlich waschen, trockenschleudern und in mundgerechte Stücke zupfen. Die Cocktailtomaten waschen und halbieren. Die Gurke putzen, waschen oder nach Belieben schälen, in dünne Scheiben schneiden oder hobeln.
2. Die Süßkartoffeln schälen, waschen und in dünne Scheiben schneiden. Die Scheiben halbieren und mit Küchenpapier trockentupfen. In einer Pfanne 4 EL Olivenöl erhitzen und die Süßkartoffelscheiben darin unter Rühren etwa 8 min goldbraun braten.
3. Für das Dressing den Essig mit Senf und Salz verrühren, nach und nach das restliche Olivenöl unterschlagen.
4. Die Salatblätter mit den Cocktailtomaten, den Gurkenscheiben und den noch heißen Kartoffeln vermischen und auf Tellern anrichten. Den Salat mit der Vinaigrette beträufeln, die Macadamianüsse grob hacken und darüber streuen.

Tipp:

Süßkartoffeln sind sehr stärkehaltig und werden wie unsere heimischen Kartoffeln zubereitet.

Schwarzer Linsensalat trifft weißen Kabeljau

- 200 g Belugalinsen
- 450 ml Gemüsebrühe (mit max. 2 TL Instantpulver)
- 1 rote Zwiebel
- 2 Karotten
- 8 kleine Cocktailtomaten
- 1 Apfel
- 300 g Kabeljau (2 Filets à etwa 150 g)
- 2 EL Olivenöl
- etwas Bratöl
- 2 EL Balsamico-Essig hell
- ½ Zitrone
- 100 g Salatmischung
- 2 EL frisch gehackte Petersilie
- Salz, Pfeffer

4x

1. Die Belugalinsen 30 min in der köchelnden Gemüsebrühe garen. Gegen Ende der Garzeit beaufsichtigen und ggf. Wasser nachgeben, damit die Linsen nicht anbrennen. Während die Linsen kochen, die Zwiebel schälen und würfeln. 1 ½ Karotten schälen und etwa so groß würfeln wie die Zwiebel. Beide Zutaten beiseitestellen. Die Hälfte des Apfels und die verbleibende halbe Karotte reiben. Die andere Apfelhälfte in größere Würfel schneiden und zum Abrieb geben. Zitrone auspressen und die Apfelwürfel und den Abrieb mit ca. $^2/_3$ des Saftes beträufeln. Beiseitestellen.
2. Linsen abgießen. Zitrone auspressen. Kabeljaufilet gut kalt abwaschen, abtupfen und pfeffern. In 2 TL Bratöl auf mittlerer Stufe etwa 5 min von jeder Seite golden anbraten. Zum Schluss mit ein wenig Salz bestreuen und mit der verbleibenden Zitrone beträufeln.
3. Zwiebel-Möhren-Mischung nach dem Kabeljau in der Pfanne 4 min anbraten und unter die gekochten Linsen heben. Tomaten vierteln, Salatmischung waschen und beides zu der Apfelmischung geben.
4. Essig-Öl-Dressing aus den verbleibenden Zutaten herstellen. Den Kabeljau auf der warmen Linsenmischung anrichten. Den Salat mit dem Dressing mischen und am Rand garnieren.

Tipp:

Dieser Salat lässt sich ideal am Vortag vorbereiten. Bewahren Sie die verschiedenen Hauptkomponenten getrennt auf und erwärmen Sie vor Verzehr die Linsen und den Kabeljau leicht.

Rotkohlsalat

- 400 g Rotkohl
- 1 Zwiebel
- 6 EL Öl
- 2 EL Zitronensaft
- 2 EL rotes Johannisbeergelee
- 1 EL Honig
- 50 g Rosinen
- 2 Äpfel
- 50 g gehackte Haselnusskerne

1. Rotkohl waschen, in feine Streifen schneiden. Zwiebel fein würfeln, in einem Topf erhitzen, Zwiebelwürfel darin andünsten.
2. Zitronensaft, Johannisbeergelee, Honig und Rosinen dazugeben, aufkochen.
3. Rotkohl in den Topf geben und unter Rühren 3 min dünsten, mit Salz abschmecken. Rotkohl abkühlen lassen.
4. Äpfel und Haselnusskerne in Spalten schneiden und zu dem Rotkohl geben. Anrichten.

Spinatsalat mit Buttermilchdressing

- 1 kg junger Blattspinat
- 300 g Cocktailtomaten
- 300 g Champignons
- 2 Bund Frühlingszwiebeln

Für das Buttermilchdressing:

- 125 ml Buttermilch
- 3 EL Zitronensaft
- Salz, Pfeffer, Zucker
- 100 ml Rapsöl

Zum Bestreuen:

- 250 g zerbröckelter Edelpilzkäse, z. B. Roquefort-Käse
- 5 TL Sesamsamen

8–10x

1. Spinat verlesen, putzen und die Stiele entfernen, Blätter gründlich waschen und abtropfen lassen oder trocken schleudern. Blätter evtl. etwas kleiner schneiden.
2. Cocktailtomaten abspülen, abtrocknen und halbieren oder vierteln, die Stängelansätze herausschneiden. Champignons putzen, mit Küchenpapier abreiben, evtl. abspülen, gut abtropfen lassen und in Scheiben schneiden. Frühlingszwiebeln putzen, abspülen, abtropfen lassen und in feine Ringe schneiden.
3. Für das Buttermilchdressing Buttermilch mit Zitronensaft verrühren, mit Salz, Pfeffer und Zucker würzen und Öl darunterschlagen.
4. Spinat mit Cocktailtomaten, Champignons und Frühlingszwiebeln in einer Schüssel oder auf Tellern mit Buttermilchdressing übergießen, mit Sesamsamen bestreuen und servieren.

Kartoffelsalat mit roter Kresse

- 750 g festkochende Kartoffeln
- 1 Glas Möhrensalat (Abtropfgewicht 190 g)

Für das Dressing:

- 375 ml Gemüsebrühe
- 3 EL Balsamico-Essig hell
- Salz, Pfeffer
- 4 EL Olivenöl
- 500 g Champignons
- 4 EL Olivenöl
- 2 Kästchen rote Daikonkresse

Tipp:

Die rote Daikonkresse erinnert im Geschmack an Kreuzkümmel (Cumin). Sie kann durch einfache Kresse ersetzt werden.

1. Kartoffeln gründlich waschen, mit Wasser bedeckt zum Kochen bringen, zugedeckt in 20–25 min gar kochen, Kartoffeln abgießen, mit kaltem Wasser abschrecken, abtropfen lassen, etwas abkühlen lassen.
2. Kartoffeln pellen, in Scheiben schneiden und in eine große Schüssel geben. Möhrensalat in ein Sieb geben und abtropfen lassen.
3. Für das Dressing Gemüsebrühe mit Balsamico-Essig, Salz und Pfeffer verrühren, Öl darunterschlagen. Möhrensalat und Dressing zu den Kartoffelscheiben geben, alles vermischen und etwa 30 min durchziehen lassen.
4. In der Zwischenzeit Champignons putzen, mit Küchenpapier abreiben, evtl. abspülen und gut abtropfen lassen. Champignons in Scheiben schneiden, Öl in einer Pfanne erhitzen. Die Champignonscheiben dann in 2 Portionen hellbraun braten und mit Salz und Pfeffer würzen. Die Champignonscheiben zu den Kartoffeln geben.
5. Die Kresse kalt abspülen, tupfen und abschneiden. Den Salat mit Salz und Pfeffer abschmecken und die Kresse unterheben.

Orientalischer Couscoussalat im Glas

- 200 g Couscous
- Gemüsebrühe
- 1 Paprika
- 1 Gurke
- 200 g Cocktailtomaten
- 10 grüne Oliven
- 1 Packung Pinienkerne

Für das Dressing:

- 2 Dosen Tomatenmark
- Basilikum und Oregano
- 2 EL Olivenöl
- Ras el Hanout
- Salz, Pfeffer

1. Den Couscous nach Packungsanweisung in Gemüsebrühe garen und erkalten lassen. Um Klümpchenbildung zu vermeiden, regelmäßig umrühren.
2. Die Pinienkerne vorsichtig in einer Pfanne ohne Fett rösten.
3. Alle anderen Zutaten in kleine Würfel schneiden und einzeln beiseitestellen.
4. Für das Dressing Tomatenmark und Olivenöl mit einem Quirl kräftig vermischen, dann die Gewürze hinzugeben.
5. Alles in einem verschließbaren Glas nacheinander schichten. Gerne können Sie 2 Schichten Couscous verwenden.

Avocado-Gurken-Tomaten-Salat

- 2 Avocados
- 1 Salatgurke
- 6 mittelgroße Tomaten
- 1 rote Zwiebel
- ½ Bund Petersilie
- 1 Zitrone (gepresster Saft)
- 3 Esslöffel Olivenöl
- Salz, Pfeffer
- weißer und schwarzer Sesam

1. Avocados entkernen und von der Schale befreien. Salatgurke längs halbieren und das Kerngehäuse mit einem Löffel ausschaben.

2. ¼ Avocado in Scheiben schneiden, beiseitelegen. Übrige Avocado, Gurke, Tomaten und Zwiebel würfeln. Petersilie hacken. Alles in eine große Schüssel geben und vermengen.

3. Olivenöl und Zitronensaft dazugeben. Mit Salz und Pfeffer würzen und mit Sesam bestreuen. Avocadoscheiben als Fächer darauf drapieren.

4x

Reich beschenkt

Lieber Jesus, du bist das Brot des Lebens. Alles schenkst du uns aus deiner Hand. Lass uns spüren, dass jede Gabe von dir kommt und wir sie als Geschenk annehmen. Darum bitten wir dich. Amen.

Orecchiettesalat mit Kichererbsen und roten Freunden

- 80 g Kichererbsen
- Salz
- 300 g Orecchiette
- 2 rote Paprikaschoten
- 1 grüne Chilischote
- 1 Zwiebel
- ½ Bund Salbei
- 1 EL Butterschmalz
- Pfeffer aus der Mühle
- ⅛ l Weißwein
- 2 EL Balsamico-Essig
- 4 EL Olivenöl
- 2 EL gehackte Petersilie

4x

1. Die Kichererbsen abtropfen lassen. Die Orecchiette in reichlich kochendem Salzwasser bissfest garen. In ein Sieb abgießen, dabei etwas Kochwasser auffangen und beiseitestellen.

2. Die Paprika- und Chilischoten längs halbieren, entkernen und waschen. Paprika in 1 cm große Würfel schneiden. Chili in feine Würfel schneiden. Zwiebel schälen und in Würfel schneiden. Den Salbei waschen und trockenschütteln, die Blätter abzupfen und in Streifen schneiden.

3. Zwiebel im heißen Schmalz glasig dünsten, Paprika und Chili mitdünsten, salzen und pfeffern, Wein angießen und einkochen. Kichererbsen und Salbei unterrühren, Essig, Salz, Pfeffer, Olivenöl und Nudelwasser verrühren. Alle Zutaten mit der Sauce vermischen, mit Petersilie bestreuen.

Fenchel-Möhren-Linsenschichtsalat

- 100 g trockene Linsen
- 1 Karotte
- ½ Knolle Sellerie
- 1 kleine Knolle Fenchel mit Fenchelgrün
- 4 Frühlingszwiebeln
- 2 TL Olivenöl
- 100 g frischer Blattspinat

Für das Dressing:

- ½ TL Fenchelsamen
- ½ TL Pfefferkörner schwarz
- 1 TL Honig
- 1 TL Dijon-Senf
- 60 ml Orangensaft
- 2 EL Apfelessig
- 1 Prise Salz

2x

1. Geputzte Karotte und Sellerie in ca. 1 cm große Würfel schneiden. Fenchelgrün abschneiden und beiseitelegen. Fenchel und Frühlingszwiebeln klein schneiden.
2. In 1 TL Öl die Gemüsewürfel mit den Zwiebelringen in einem Topf ca. 4 min andünsten, aus dem Topf nehmen. Dann Linsen nach Packungsanweisung im verwendeten Topf mit reichlich Wasser garen.
3. Für das Dressing Fenchelsamen und Pfeffer zerstoßen. Beides mit Honig, Senf, Orangensaft und Essig verrühren und mit dem restlichen Öl und Salz mischen.
4. Blattspinat waschen und mit Gemüse, Linsen und Dressing mischen. Den Linsensalat etwa 30 min ziehen lassen und bestreut mit dem Fenchelgrün servieren.

Gurken-Käse-Salat

- 600 g verschiedene Käsesorten, (z. B. Emmentaler, Leerdammer, Butterkäse)
- 2 Gläser Honiggurken (Abtropfgewicht je 215 g)
- 2 Gläser Senfgurken (Abtropfgewicht je 230 g)
- 1 Salatgurke
- 6 hartgekochte Eier
- 1 Bund Radieschen

Für das Dressing

- 3–4 EL Apfelessig
- Salz, Pfeffer
- etwas Zucker
- 7 EL Rapsöl
- 1–2 TL Dillspitzen
- evtl. etwas Senfgurkenwasser

8–10x

Tipp:

Die Radieschen am besten zum Schluss unterheben, da sie etwas färben,

1. Käse in kleine Stücke schneiden. Gurken in ein Sieb geben, abtropfen lassen und in feine Streifen schneiden.
2. Salatgurke abspülen, abtrocknen und die Enden abschneiden. Gurke längs halbieren, entkernen und ebenfalls in feine Streifen schneiden. Eier schälen und achteln, Radieschen putzen, abspülen, abtropfen lassen und achteln oder in Scheiben schneiden.
3. Für das Dressing Essig mit Salz, Pfeffer und Zucker verrühren, Öl darunterschlagen und Dillspitzen einrühren, evtl. noch etwas Gurkenwasser unterrühren, Dressing mit den Salatzutaten vermischen. Salat nochmals gut abschmecken und sofort servieren.

Salat von gegrilltem Spargel, Tomaten und Pinienkernen

- 1–2 Bund grüner Spargel
- 2 El Olivenöl
- 100 g Rucola
- 150 g Ziegenkäse
- 75 g Pinienkerne
- Salz, Pfeffer

Für das Dressing

- 3 EL natives Olivenöl extra
- Saft von 1 Zitrone
- 2 TL körniger Senf
- 1 EL flüssiger Honig

4x

1. Pinienkerne ohne Öl in einer Pfanne anrösten.
2. Die Spargelstangen auf einem Backblech verteilen und mit 2 EL Olivenöl beträufeln. Vermischen, sodass der ganze Spargel mit Öl überzogen ist. Mit Salz und Pfeffer würzen und unter den Backofengrill geben. 2 min von jeder Seite grillen, bis der Spargel leicht golden ist. Herausnehmen, in mundgerechte Stücke teilen und beiseitelegen.
3. Für das Dressing alle Zutaten in eine Schüssel geben und gut vermischen. Nach Geschmack würzen. Den Rucola auf 4 Teller verteilen, den gegrillten Spargel jeweils obenauf legen. Ziegenkäse darüberbröseln, mit Pinienkernen bestreuen und das Dressing darüber verteilen. Sofort mit etwas knusprigem Brot servieren.

Reissalat mit Bohnen

- 150 g Langkornreis
- Salz
- 150 g Kidneybohnen (aus der Dose)
- 150 g dicke weiße Bohnen (aus der Dose)
- 2 Tomaten
- ½ kleine Salatgurke
- 2 EL gehackte Petersilie
- Essig-Öl-Dressing (Seite 58)

4x

1. Den Reis in einem Sieb unter fließendem kaltem Wasser gründlich waschen. Mit 300 ml leicht gesalzenem Wasser in einem kleinen Topf aufkochen lassen, bei schwacher Hitze zugedeckt etwa 20 min garen und abkühlen lassen.
2. Die Kidneybohnen und die weißen Bohnen in ein Sieb abgießen, mit kaltem Wasser abbrausen und abtropfen lassen. Die Tomaten über Kreuz einritzen, überbrühen, häuten, vierteln, entkernen und in kleine Würfel schneiden.
3. Die Gurke putzen, waschen und der Länge nach halbieren. Die Kerne mit einem Teelöffel entfernen und die Gurke in kleine Würfel schneiden.
4. Zum Schluss die Petersilie unter das Dressing rühren. Den abgekühlten Reis in einer großen Schüssel mit den Bohnen, den Tomaten, der Gurke und dem Dressing vermischen. Den Salat vor dem Servieren durchziehen lassen.

Tomaten-Brotsalat mit grüner Zitronensauce im Glas

- 3 frische Tomaten
- 2 Frühlingszwiebeln
- 2 Scheiben Ciabattabrot
- 2 Zweige Zitronenmelisse
- ½ unbehandelte Zitrone
- 2 Zweige Basilikum
- 3 EL Gemüsebrühe, zubereitet
- 2 TL Olivenöl
- 1 TL Balsamico-Essig hell
- Salz, Pfeffer

2x

1. Tomaten und Frühlingszwiebeln waschen. Tomaten mit Ciabatta in Würfel und Frühlingszwiebel in Ringe schneiden. Basilikum waschen, trocken tupfen und kleinhacken.
2. Für das Dressing Zitronenmelisse waschen und trocken schütteln. 1 TL Zitronenschale abreiben und Zitronenhälfte auspressen. 2 TL Zitronensaft mit Zitronenschale, Zitronenmelisse, Brühe und 1 TL Öl und 1 TL Balsamico-Essig pürieren und mit Salz und Pfeffer abschmecken. Mit Frühlingszwiebelringen vermischen.
3. Restliches Öl in einer Pfanne erhitzen und Ciabattawürfel darin ca. 3–4 min rundherum rösten. Ciabattawürfel mit Tomatensalat vermischen und mit Salz und Pfeffer abschmecken. Tomaten-Brot-Salat nach Wunsch mit rosa Pfefferbeeren bestreuen und sofort servieren.

Tipp:

Zu diesem Salat können Sie natürlich auch ein klassisches Balsamico-Essig-Öl-Dressing machen. Die o. g. Variante ist allerdings sehr erfrischend.

Rote Bete-Avocado-Salat-Türmchen

- 2 Knollen Rote Bete
- 1 Avocado
- Joghurt-Dressing (Seite 59)
- 1 Handvoll Kresse
- 100 g Himbeeren
- 1 TL Honig

2x

1. Die Rote Bete ca. 25 min kochen, bis diese bissfest sind.
2. Die Avocado schälen und in Scheiben vom Kern herunterschneiden. Die abgekühlten Rote Bete-Knollen in Scheiben schneiden und abwechselnd mit der Avocado zu zwei Türmchen stapeln.
3. Aus den Himbeeren und dem Honig eine süße Sauce pürieren. Die Kresse waschen.
4. Das Joghurt-Dressing und die süße Sauce vorsichtig über die Türmchen tröpfeln lassen. Die Kresse obenauf platzieren.

Tipp:

Dieser Salat ist eine süße Option. Sollten Sie an diesem Fastentag lieber auf Süßes verzichten wollen, können Sie die süße Sauce auch weglassen oder durch ein anderes Topping wie gemischte Kerne ersetzen.

Zucchinisalat mit knusprigen Tofuecken

- 200 g Tofu
- 3 TL Pflanzenöl, Rapsöl/Sonnenblumenöl
- 3 Zucchini mittelgroß fein gewürfelt
- 1 Knoblauchzehe gepresst
- 18 Cocktailtomaten
- 2 EL frische, gehackte Minze
- Salz, Pfeffer

1. Zucchini waschen und fein würfeln. Minze hacken. Knoblauch schälen und pressen. Einzeln beiseitestellen.
2. Tofu in kleine Dreiecke schneiden und in 2 TL Öl scharf in einer Pfanne je 2 min anbraten. Zucchini und Knoblauch in 1–2 min bissfest in der Pfanne sautieren.
3. Tomaten dazugeben und in 1 min kurz erhitzen, mit Pfeffer und Salz abschmecken. Vom Herd nehmen, Minze vorsichtig unterheben. Mit Tofuecken belegen. Warm oder kalt servieren.

4x

Tipp:

Wenn im Frühjahr der erste Salat im eigenen Garten sprießt, können Sie die Tofuecken auch separat in einigen jungen Salatblättern servieren. Das Auge ist ja immer mit.

Champignon-Frühlingssalat

- 400 g Champignons
- 4 hartgekochte Eier
- 200 g blaue und grüne Weintrauben ohne Kerne
- 50 g ganze Haselnusskerne

Für die Curry-Mayonnaise:

- 1 große Orange
- 150 g Vollmilchjoghurt
- 100 g Salatmayonnaise
- 1 EL Currypulver
- Salz
- Zucker
- Zitronenmelisse- oder Petersilienblättchen

1. Champignons putzen, evtl. mit Küchenpapier abreiben, abspülen, gut abtropfen lassen und in Scheiben schneiden.
2. Eier schälen und in Achtel schneiden, Weintrauben gründlich waschen, abtrocknen und halbieren. Haselnüsse grob hacken.
3. Für die Curry-Mayonnaise Orange halbieren und auspressen. Joghurt mit Mayonnaise, Orangensaft und Currypulver verrühren, mit Salz und Zucker abschmecken.
4. Die Zutaten mit der Currymayonnaise in einer Schüssel locker miteinander vermengen. Kräuterblättchen abspülen und trocken tupfen und den Salat mit den Blättchen garnieren.

4x

Kiwi-Feigen-Mango-Erfrischung

- 4 Feigen
- 4 Kiwis
- 2 Nektarinen
- 100 ml roter Johannisbeersaft
- 1 EL grob gehackte Mandeln
- einige Minzezweige
- 1 reife Mango
- 1 Banane

4x

1. Die Feigen waschen und vierteln. Die Kiwis schälen und quer in Scheiben schneiden. Die Kiwischeiben auf Tellern leicht überlappend kreisförmig anrichten und die Feigenviertel darauf setzen.

2. Die Nektarinen waschen, halbieren und den Stein entfernen. Das Fruchtfleisch in schmale Spalten schneiden.

3. Den Johannisbeersaft in einem Topf sirupartig einkochen lassen. Die Nektarinenspalten und die Mandeln unterrühren und den Sirup aufkochen lassen. Den Sirup, die Nektarinen und die Mandeln auf den Kiwischeiben verteilen. Den Salat mit Minzezweigen garnieren.

4. Die Mango vom Kern lösen. ¾ des Fruchtfleisches pürieren, den Rest kleinschneiden. Die Banane schälen, mit einer Gabel zerdrücken und unter das Mangomus heben. Das Mus zu dem Fruchtsalat servieren. Übrige Mangostücke darübergeben.

Tipp:

Feigen sind hierzulande vor allem getrocknet bekannt - dann schmecken sie nach Honig. Frische Feigen haben ein weiches, aromatisch süßes Fruchtfleisch.

Gnocchi-Salat mit Thymian-Kräuterpesto

- 125 g Gnocchi
- 200 g Brokkoli
- Jodsalz
- 50 g Tomaten, getrocknet, ohne Öl
- ½ TL Gemüsebrühe
- 1 Dose Thunfisch
- 1 gelbe Paprika
- 1 EL Kresse

Für das Pesto:

- 4 Handvoll frische Thymianblätter
- 10 EL Olivenöl
- 50 g kleingehackte Walnüsse
- 1 TL Salz
- ¼ TL Chilipulver
- 1 Knoblauchzehe

Tipp:

Pesto hält sich in einem sauberen, luftdicht verschlossenen Gefäß im Kühlschrank bis zu 10 Tage.

1. Gnocchi und Brokkoli jeweils in Salzwasser garen, abgießen und abtropfen lassen.
2. Getrocknete Tomaten in Brühe einweichen, abtropfen lassen und zusammen mit Paprika in Würfel schneiden. Thunfisch abtropfen lassen und mit einer Gabel leicht zerteilen.
3. Thymian mit Öl in einen Mörser geben und grob bearbeiten. Knoblauch zerdrücken und mit den restlichen Zutaten in den Mörser geben und feiner zerstampfen.
4. Gnocchi, Brokkoli, Tomaten, Paprika und je ein Teil des Pestos in einem Glas schichten. Oben mit der Kresse garnieren.

Salat in der Box mit Sprossen

- 60 g Pinienkerne
- 250 g Feldsalat
- 1 Kopf Lollo bianco
- 200 g Radieschensprossen
- 375 g Champignons
- 350 g kleine Tomaten

Für das Dressing:

- 6–8 EL Estragonessig
- 2–3 TL körniger Senf
- Salz, Pfeffer
- 150 ml Weizenkeim- oder Sonnenblumenöl

Zum Bestreuen:

- 2 EL Estragonblätter
- Zubereitungszeit: 60 min

6x

1. Pinienkerne leicht anrösten, dann erkalten lassen. Salate putzen und trocken schleudern. Lollo bianco in mundgerechte Stücke zupfen.
2. Radieschensprossen und Champignons putzen; letztere in dünne Scheiben schneiden. Tomaten abspülen, abtrocknen, vierteln und die Stängelansätze herausschneiden.
3. Für das Dressing Essig mit Senf verrühren, mit Salz und Pfeffer würzen und das Öl unterrühren.
4. Salatzutaten in der Box schichten. Dressing separat verpacken.
5. Zum Bestreuen Estragonblätter abspülen und trocken tupfen. Salat mit Estragonblättern und Pinienkernen bestreuen und servieren.

Salat von Land und Meer

- 1 Handvoll Brunnenkresse
- 1 Lollo rosso
- 20 kleine Mozzarellakugeln
- 20 Kirschtomaten, halbiert
- 12 Jakobsmuscheln, gesäubert, aus der Schale gelöst
- 100 g Scampi (TK oder frisch)
- 50 g Erbsen
- 50 g dicke Bohnen
- 50 g grüne Oliven, entsteint
- 50 g schwarze Oliven, entsteint
- 10 frische Minzeblätter, zerrupft
- Natives Olivenöl extra
- Balsamico-Essig hell zum Beträufeln
- Salz, Pfeffer

6x

1. Brunnenkresse und Lollo rosso waschen und zusammen in eine Schüssel geben.
2. Die Jakobsmuscheln auf einen Teller legen, würzen und mit Olivenöl beträufeln. Eine Pfanne auf der höchsten Stufe erhitzen, die Jakobsmuscheln hineingeben und 1 min lang anbraten, zwischendurch einmal wenden. Die Scampi zugeben und mit den Muscheln vermischen. Beides zusammen auf einen Teller geben.
3. Erbsen und Bohnen in Salzwasser 1 min lang blanchieren, abgießen und unter kaltem Wasser abspülen.
4. Kresse und Salatblätter mit Olivenöl und ein wenig Balsamico-Essig beträufeln. Mozzarellakugeln, Kirschtomaten, Erbsen, Bohnen und Oliven jeweils obenauf geben, dann folgen die Jakobsmuscheln und Scampi. Die zerkleinerten Minzeblätter darüberstreuen.

Kichererbsen-Avocado-Himbeer-Salat

- 500 g junger Blattspinat
- 400 g Kichererbsen (aus der Dose)
- 1 reife Avocado
- 2 Fleischtomaten
- 12 Himbeeren
- 3 Frühlingszwiebeln

Für das Dressing:

- 2 EL Apfelessig
- 1 TL Senf
- Zucker
- Salz, Pfeffer
- 5 EL Olivenöl

1. Den Spinat verlesen und grobe Stiele entfernen. Die Blätter in reichlich kaltem Wasser gründlich waschen und trockenschleudern.
2. Die Kichererbsen auf einem Sieb abtropfen lassen. Die Avocado halbieren und den Stein entfernen. Eine Avocadohälfte schälen und das Fruchtfleisch in Würfel schneiden (die andere Hälfte anderweitig verwenden).
3. Die Fleischtomaten waschen, halbieren, entkernen und in kleine Würfel schneiden, dabei die Stielansätze entfernen. Die Himbeeren ganz leicht abspülen und trockentupfen. Die Frühlingszwiebeln putzen, waschen und fein hacken.
4. Für das Dressing den Essig mit dem Senf, 1 bis 2 Prisen Zucker, Salz und Pfeffer verrühren, nach und nach das Olivenöl darunterschlagen. Zuletzt die Frühlingszwiebeln unterrühren.
5. Den Spinat, die Kichererbsen, die Avocado, die Tomaten und die Pflaumen in einer großen Schüssel mischen. Auf Tellern anrichten und mit dem Dressing beträufeln.

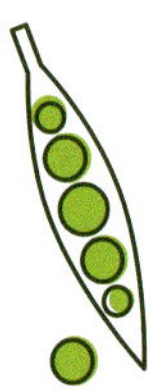

Asiatischer Glasnudelsalat mit Garnelen

- 100 g dünne Reisnudeln
- 200 g Garnelen (vorgegart)
- 1 rote Paprikaschote
- 4 Frühlingszwiebeln
- 1 Bund Koriander

Für die Marinade:

- 1 TL grüne Currypaste
- 3 EL Nudelwasser
- 1 ½ EL Fischsauce
- ca. 2 EL Limettensaft
- 2 EL Sesamöl

⇝ Tipp:

Fischsauce ist eine intensive Flüssigwürze aus fermentiertem Fisch. Sie erhalten diese in asiatischen Fachgeschäften.

1. Die Reisnudeln mit kochendem Wasser übergießen und 10 min quellen lassen. In ein Sieb abgießen und abtropfen lassen.

2. Die Garnelen in einem Sieb kalt abbrausen und trockentupfen. Die Paprikaschote der Länge nach vierteln, entkernen, waschen und in dünne Streifen schneiden. Die Frühlingszwiebeln putzen, waschen und schräg in Ringe schneiden. Den Koriander waschen und trockenschütteln, die Blätter von den Stielen zupfen.

3. Für die Marinade die Currypaste mit etwa 3 EL heißem Nudelwasser glatt rühren. Die Fischsauce und den Limettensaft unterrühren, nach und nach das Sesamöl darunterschlagen.

4. Die Reisnudeln mit einer Schere in mundgerechte Stücke schneiden. Die Nudeln in einer Schüssel mit den Garnelen, der Paprika, den Frühlingszwiebeln und dem Koriander vermischen. Die Marinade unterrühren und den Salat in Schälchen anrichten. Nach Belieben mit Limettenspalten servieren.

Melonen-Mozzarella-Salat im Glas

- 250 g Cantaloupemelone
- 1 Nektarine
- ½ Bund Minze
- 1 Packung Mozzarella Minis
- 50 g Salatmischung (Kühltheke)
- Essig-Öl-Dressing (Seite 58)

2x

1. Melone und Nektarine in mundgerechte Stücke schneiden. Minzblätter hacken.
2. Erst das Dressing, dann Mozzarella, Melone, Nektarine und Minze in ein Schraubglas füllen.
3. Zuletzt den Pflücksalat hineingeben und das Glas gut verschließen. Vor dem Essen schütteln. Fertig!

Rote Bete im Birnen-Feldsalat

- 1 Glas Rote Bete Scheibchen
- 2 Birnen
- 100 g Feldsalat
- 50 g Blauschimmelkäse

Für das Dressing:

- 1 kleine rote Zwiebel
- 4 EL Öl
- 2 EL Balsamico-Essig
- 2 TL Honig
- ½ Zitrone (ausgepresst)
- eine Handvoll Walnüsse

1. Die Rote Bete abtropfen lassen und auf Teller verteilen. Den Feldsalat waschen und mittig auf den Tellern verteilen. Die Birnen waschen, vierteln, mit etwas Zitronensaft beträufeln und in Sternenform auf die Teller legen.
2. Die Walnüsse kleinschneiden (pro Walnuss ca. 4 Stücke). Den Blauschimmelkäse in Würfel schneiden und jeweils von beiden Seiten mit Walnüssen bedecken und über die Teller verteilen.
3. Für das Dressing die Zwiebel in sehr kleine Stückchen schneiden und mit den restlichen Zutaten vermischen. Das Dressing über den Salat geben.

2x

Tipp:

Für die bessere Verträglichkeit von Zwiebeln können diese entweder für einen Salat vorher ganz kurz in der Pfanne angeschwitzt werden oder wie in der japanischen Küche kleingeschnitten ca. 10 min in kaltem Wasser eingelegt werden.

Kartoffelsalat im Oliven-Rucolabett

- 800 g kleine festkochende Kartoffeln
- 125 g Rucola
- 10 getrocknete, in Öl eingelegte Tomaten
- ½ Bund Schnittlauch
- 100 g schwarze Oliven (ohne Stein)

Für das Dressing:

- 1/8 l Orangensaft
- 4 EL Balsamico-Essig hell
- 1 TL Dijon-Senf
- Salz, Pfeffer
- 8 EL Olivenöl

1. Die Kartoffeln waschen und in einen Topf geben. So viel Wasser angießen, dass die Kartoffeln gerade bedeckt sind. Das Wasser zum Kochen bringen und die Kartoffeln 25 bis 30 min garen. In ein Sieb abgießen und noch etwas dämpfen lassen. Noch heiß pellen und vierteln.
2. Für das Dressing den Orangensaft mit dem Essig, dem Senf, ½ TL Salz und Pfeffer verrühren, nach und nach das Olivenöl unterschlagen. Das Dressing mit den noch warmen Kartoffeln vermischen und zugedeckt durchziehen lassen.
3. Den Rucola verlesen und grobe Stiele entfernen. Die Blätter in reichlich kaltem Wasser gründlich waschen, trockenschleudern und nach Belieben in mundgerechte Stücke zupfen.
4. Die Tomaten auf Küchenpapier abtropfen lassen und in Streifen schneiden. Den Schnitttauch waschen, trockenschütteln und in Röllchen schneiden. Rucola, Tomaten, Schnitttauch und Oliven unter die Kartoffeln mischen.

Tipp:

Den Rucola erst so spät wie möglich untermischen, damit er nicht zusammenfällt.

Grüner Blattsalat mit Meerrettichdressing

- 1 Bund Frühlingszwiebeln
- 1 Kopf Blattsalat, z. B. Kopfsalat oder Lollo rosso
- 2 Tomaten
- 1 EL Schnittlauchröllchen

Für das Dressing:

- 100 g Joghurt
- 3 EL Salatmayonnaise
- 3 EL Balsamico-Essig hell
- 4 EL geriebener Meerrettich (aus dem Glas)
- 2 EL Olivenöl
- Salz, Pfeffer

4x

1. Für den Salat Frühlingszwiebeln putzen, abspülen, abtropfen lassen und in dünne Ringe schneiden. Salat putzen, Salatblätter vom Strunk zupfen, abspülen, abtropfen lassen oder trocken schleudern und in mundgerechte Stücke zupfen.
2. Tomaten abspülen, abtrocknen, vierteln, entkernen und die Stängelansätze herausschneiden. Tomaten in Würfel schneiden. Frühlingszwiebeln, Salat, Tomaten und Schnittlauchröllchen in eine Schüssel geben.
3. Für das Dressing Joghurt mit Mayonnaise, Essig und Meerrettich verrühren. Olivenöl darunterschlagen, Dressing mit Salz und Pfeffer würzen. Das Dressing zum Salat reichen.

Kindersalat „Bunter Pfau“

- ½ Birne
- 12 Weintrauben
- 1 Banane
- 5 Erdbeeren
- 1 Kiwi
- 1 Karotte
- 2 Rosinen für die Augen
- ½ Zitrone

2–3x

Tipp:

Jedes Kind hat unterschiedliche Obstvorlieben. Sie können die Obstsorten natürlich auch austauschen. Beispielsweise kann der Körper aus Melone geschnitzt werden, die Augen des Federkleides können aus Orangen gelegt werden. Der Fantasie sind keine Grenzen gesetzt.

1. Obst waschen, Kiwi und Banane schälen. Die Erdbeeren und Weintrauben werden halbiert, die Banane in Scheiben und die Kiwi in Würfel geschnitten. Die Bananenstücke werden nun mit dem Saft der Zitrone bestrichen, damit sie nicht braun werden.
2. Die halbe Birne wird mittig auf einem großen Teller platziert. Sie stellt den Pfauenkörper dar. Nun werden zuerst die Erdbeerhälften als Federfächer um den Pfauenkörper gelegt. Danach wird mit den Kiwiwürfeln, den Bananenstücken und den Weintrauben genauso verfahren, sodass das Obst einen bunten Pfauenfächer ergibt.
3. Nun werden aus dem Stück Karotte zwei Beine und ein Schnabel geschnitten. Die Beine werden unten am Körper und der Schnabel im oberen Drittel auf der Birne angelegt.

Tofusalat mit Staudensellerie

- 400 g geräucherter Tofu
- 1 Staudensellerie (ca. 400 g)
- 6–8 Minzzweige
- 30 g geröstete, gesalzene Cashewkerne
- 25 g frischer Ingwer
- 3 EL Reis- oder Weinessig
- 1 EL helle Sojasauce
- 1 EL Öl
- 4 EL Gemüsebrühe
- Salz, Pfeffer

1. Den Tofu in mundgerechte Würfel schneiden. Den Staudensellerie waschen, putzen und in Scheibchen schneiden, das zarte Grün hacken. Die Minze waschen und trocken schütteln, die Blättchen abzupfen und in Streifen schneiden.
2. Die Cashewkerne grob hacken. Den Ingwer schälen und fein würfeln. Beides in einer Schüssel mit Essig, Sojasauce, Öl und Gemüsebrühe kräftig verquirlen. Mit Salz und Pfeffer würzen.
3. Den Tofu, den Sellerie und die Minze in dem Dressing wenden, auf zwei Teller verteilen und servieren.

Tipp:

Gut passt zu dem Salat ein körnig gekochter Reis, am allerbesten der feine Basmatireis. Wenn Sie den Salat mit an den Arbeitsplatz nehmen, können Sie den fertig gekochten Reis eventuell in einer Mikrowelle erwärmen.

Stärkende Speise

Segne, o Herr, die Speisen, die wir zu uns nehmen. Damit wir dich noch stärker lieben und dir noch besser dienen können. Im Namen des Vaters, des Sohnes und des Heiligen Geistes. Amen.

Knackiger Brokkolisalat

- 100 g Bulgur
- ½ Gurke
- 1 Brokkoli
- 250 g Cocktailtomaten
- 100 g Feta
- 50 g Cashewnüsse
- Essig-Öl-Dressing (Seite 58)

1. Den Bulgur nach Packungsanleitung kochen. Die Gurke waschen und würfeln.
2. Den Brokkoli putzen und in möglichst kleine Röschen teilen. Den Feta-Käse in ca. 1 cm kleine Würfel schneiden. Brokkoli und Feta-Käse in eine Salatschüssel geben.
3. Nun das Dressing mischen: Öl, Olivenöl, Essig, Honig, Senf, Salz und Pfeffer in einem leeren Marmeladenglas schütteln und über den Brokkoli gießen, durchmischen. Nun soll der Brokkoli über Nacht im Kühlschrank durchziehen.
4. Am nächsten Tag den Brokkoli abwechselnd mit allen anderen Zutaten außer den Nüssen schichten. Mit Cashewnüssen bestreuen.

Tipp:

Sie können diesen Salat auch durchziehen lassen. Durch das Ziehen im Dressing wird der Brokkoli weich und bekommt eine wunderbare leuchtend grüne Farbe und einen geringeren Kohlgeschmack. Als Topping können Sie auch geschälte Haselnusskerne verwenden.

Salat im Glas & leichtere Zubereitung

Salatideen im Glas sind „einfach schön" anzusehen. Fasten bedeutet bewussten Verzicht auf Lebensmittel wie Fleisch oder Fisch: das heißt aber nicht, dass Sie das Essen nicht genießen dürfen. Die im Glas nacheinander gestapelten natürlich farbigen Zutaten wie Gurken, Tomaten oder rote Zwiebeln geben bunte Kontraste. Generell lässt sich jeder Salat im Glas vorbereiten und mitnehmen. Die meisten hier genannten Fastensalate müssen nicht lange „durchziehen", sodass Sie alle Zutaten untereinander und mit dem Dressing erst kurz vor Verzehr vermischen können. Im Aufwand sind die Rezepte natürlich in der Vorbereitung unterschiedlich. Salate haben generell den Vorteil, dass hauptsächlich viel geschnitten werden muss. Viele Küchenhilfen wie Hobel oder Schneidesysteme sowie Küchenmaschinen beschleunigen das Zerkleinern von Gemüse. Zutaten wie Linsen oder Kartoffeln, die vorgekocht werden sollten, lassen sich leicht im Schnellkochtopf zubereiten. Den meisten dieser Töpfe sind Garzeiten für die Zutaten beigelegt. Vielleicht finden Sie Kichererbsen auf dieser Liste nicht: Diese können 20 Minuten nach vorherigem Einweichen in Wasser über Nacht im Dampftopf gegart werden.
Alles Vorbereiten muss aber nicht immer beschleunigt werden: Nutzen Sie doch auch einmal das bewusste, langsame Zubereiten eines Fastensalats, um die Früchte der Erde, die Ihnen und Ihrer Familie Nahrung schenken, bewusst wahrzunehmen und sich auf die Fastenmahlzeit zu freuen.

Toppings

Tatsächlich können verschiedene Zutaten, die in kleinen Mengen einem Salat noch „obendrauf" gegeben werden, das Blattwerk aufpeppen. Beliebte Bessermacher sind kleine Brotwürfel, Nüsse oder Kerne, die sich z. B. in einer beschichteten Pfanne auch fettfrei rösten lassen. Schön sind auch immer kleine Käsekrumen intensiverer Sorten wie z. B. Feta, Gorgonzola oder Ziegenfrischkäse. Würzige Abwechslung bringen auch süße Toppings wie Granatapfelkerne oder Johannisbeeren oder aber frische Kräuter aus dem Garten, die einzelnen Zutaten schmeicheln, wie z. B. Thymian für den Champignon-Frühlingssalat.

Dressings

Dieses Buch schlägt jeweils das passende Dressing am Fastensalat vor. Nichts passt idealer in das Konzept des „Meal Prep" wie das Dressing. Finden Sie aus den nachfolgenden Basis-Salatsoßen einfach ihren Favoriten und stellen Sie davon z.B. einen Liter her. Wichtig ist für die Haltbarkeit vor allem eine saubere Verarbeitung der Zutaten. So ist z.B. das Essig-Öl-Dressing im Kühlschrank bis zu 3 Wochen haltbar. Verzichten Sie nie ganz auf ein Dressing und sparen Sie nicht an der falsche Stelle: Gerade das Öl macht die Aufnahme von wichtigen Inhaltsstoffen und Vitaminen aus den Salatzutaten wie z.B. Vitamin A aus Möhren für den Körper erst möglich. Auch bei Essigen sind der Fantasie keine Grenzen gesetzt: Himbeeressig passt z.B. hervorragend zu klassischen Blattsalaten und bildet einen schönen Kontrapunkt zu Salzigem wie etwa Fetakäse. Außerdem bieten die „40 Fastensalate" durch sehr vielfältige Zutaten die Möglichkeit, in kleinen Portionen neue Lebensmittel und deren Kombination mit bereits bekannten zu entdecken. Dieses Buch will auch ein wenig die Scheu vor neuen Salatideen nehmen. Selbstverständlich können Sie von den genannten Dressings im Buch oder den Basis-Rezepten hier auch erst einmal die halbe Menge machen.

Essig-Öl-Dressing

- 2 El Weinessig
- 1 Prise Zucker
- Salz und Pfeffer
- 6 EL Öl (z.B. Olivenöl)

Essig mit Zucker und Salz verrühren, bis sich beides aufgelöst hat. Den Pfeffer dazugeben und das Öl unterrühren, bis die Sauce sämig ist.

Honig-Senf-Dressing

- 1 TL Honig
- 1 TL Dijon-Senf
- 60 ml Orangensaft
- 2 EL weißer Essig (z. B. Apfelessig, Basamico-Essig hell)
- 1 Prise Jodsalz

Honig und Senf gut miteinander verquirlen. Danach alle anderen Zutaten unterrühren. Nach Geschmack auch noch etwas pfeffern.

Himbeeressig-Leinöl-Dressing

- 3 EL Himbeeressig
- 1 ½ EL Leinöl
- 1 Handvoll Petersilie
- Salz
- Pfeffer

Die Petersilie ganz fein hacken. Mit allen anderen Zutaten mischen. Für die bessere Bindung von Öl und Essig kann immer ein ganz kleiner Schuss Wasser hinzugegeben werden.

Leichtes Joghurt-Dressing

- 150 g Joghurt
- 2 Kräuterstängel (nach Geschmack)
- 1 kleine Zitrone
- 1 EL Öl
- Salz, frisch gemahlener Pfeffer

Joghurt in eine Schüssel geben. Zitrone auspressen und den Saft zusammen mit dem Öl zum Joghurt geben. Mit Salz und Pfeffer abschmecken. Die Kräuter fein hacken und mit der Joghurtmischung vermengen.

Bibliografische Information der Deutschen Nationalbibliothek
Die Deutsche Nationalbibliothek verzeichnet diese Publikation in der Deutschen Nationalbibliografie; detaillierte bibliografische Daten sind im Internet über http://dnb.d-nb.de abrufbar.

Bilder
Cover + S. 56: © Natasha Breen/shutterstock; S. 6: © Galyna Andrushko/shutterstock; S. 10: © azurita/fotolia; S. 11: © Magdanatka/shutterstock; S. 12: © tycoon101/fotolia; S. 13: © jeepbabes/fotolia; S. 14: © Ekaterina Bratova/shutterstock; S. 15: © nata_vkusidey/fotolia; S. 17: © P-Kheawtasang/shutterstock; S. 18: © zia_shusha/fotolia; S. 19: © elena_hramowa/fotolia; S. 20: © marysckin/fotolia; S. 22: © scerpica/fotolia; S. 23: © AlexeiLogvinovich/shutterstock; S. 24: © SAMoskalenko/shutterstock; S. 25: © denio109/shutterstock; S. 26: © Adriana Nikolova/fotolia; S. 27: © elena_hramowa/fotolia; S. 28: © Barbara Dudzinska/shutterstock; S. 29: © Rohit Seth/shutterstock; S. 30: © Thomas Siepmann/fotolia; S. 31: © sarsmis/shutterstock; S. 32: © Marco Mayer/fotolia; S. 33: © FOOD-micro/fotolia; S. 34: © timolina/fotolia; S. 35: © nesavinov/shutterstock; S. 36: © Umpaporn/shutterstock; S. 37: © Katarzyna Hurova/shutterstock; S. 38: © denio109/shutterstock; S. 39: © Oksana Mizina/shutterstock; S. 41: © Juliya_Ka/shutterstock; S. 42: © Ekaterina Smirnova/shutterstock; S. 44: © Pixel-Shot/shutterstock; S. 45: © Ksenija Toyechkina/shutterstock; S. 47: © margouillat photo/shutterstock; S. 48: © Tatiana Vorona/shutterstock; S. 49: © Nastya22/shutterstock; S. 50: © yuliiaholovchenko/fotolia; S. 52: © Yellowj/shutterstock; S. 53: © victoria p. /fotolia; S. 54: © siamionau pavel/shutterstock; S. 55: © kab-vision/fotolia; S. 57: © Natalia Klenova/fotolia; S. 59: © bonchan/shutterstock

ISBN 978-3-7462-5400-5

Zusammenstellung: Claudia Michels, Leipzig
Umschlaggestaltung: Rungwerth Design, Düsseldorf
Gesamtherstellung: Arnold & Domnick, Leipzig (A)